Colle tous les  tracteurs modernes.
Ils sont plus rapides et
équipés électroniquement.

W0388663

Colle toutes les  remorques.
On les attache aux tracteurs
pour transporter la paille.

Colle toutes les  citernes.
Elles s'attachent au tracteur
pour apporter l'eau aux animaux.

Colle toutes les  ensileuses.
Cet engin coupe les herbes
et récolte les épis de maïs.

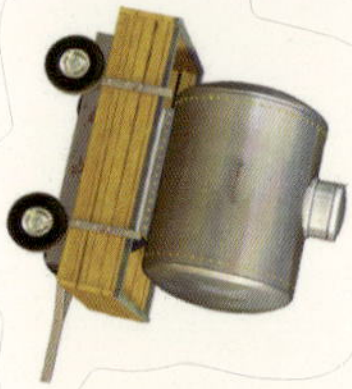

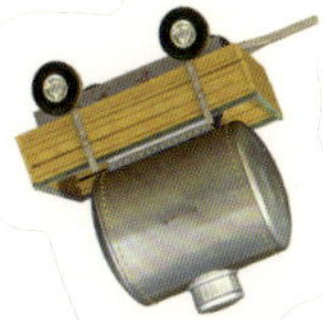

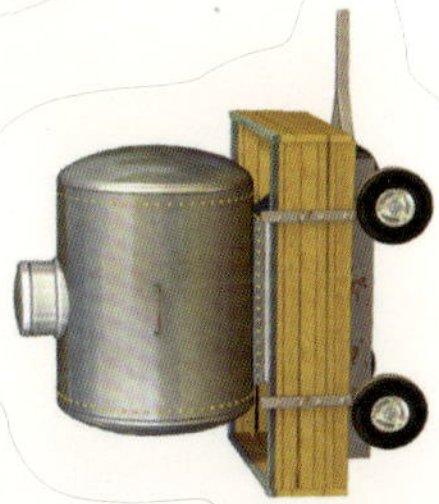

Colle toutes les 
moissonneuses-batteuses.
Elles coupent les blés, séparent les grains
et font la paille.

Colle toutes les  vendangeuses.
Elles passent dans les vignes pour
ramasser les grains de raisin.

Colle tous les  secoueurs.
Cet engin secoue les pommiers
et les poiriers pour ramasser les fruits.